Julius Fröbel

Österreich und die Umgestaltung des deutschen Bundes

Julius Fröbel

Österreich und die Umgestaltung des deutschen Bundes

ISBN/EAN: 9783743490246

Hergestellt in Europa, USA, Kanada, Australien, Japan

Cover: Foto ©ninafisch / pixelio.de

Manufactured and distributed by brebook publishing software
(www.brebook.com)

Julius Fröbel

Österreich und die Umgestaltung des deutschen Bundes

Oesterreich

und die

Umgestaltung des deutschen Bundes.

Von

Julius Fröbel.

Wien.

Druck und Verlag von Carl Gerold's Sohn.

1862.

An die

Männer der Großösterreichischen Partei.

Meine Herren!

Es ist Ihr ausgesprochenes Glaubensbekenntniß daß Oesterreich und Deutschland, wenn auch als Freunde, doch ihre getrennten Wege zu gehen haben. Sie machen sich damit zu Genossen der Partei, welche wir draußen westlich vom Inn und vom Böhmerwalde die kleindeutsche nennen. — Natürlich! — Denn Großösterreich, von Deutschland getrennt, wie Sie es sich denken, kann nicht gedacht werden, ohne daß Deutschland sich in die Grenzen zusammenzieht welche ihm das gothaische Programm vorzeichnet.

Ich weiß daß es unter Ihnen Männer gibt welche nur Oesterreich erst in sich selbst wollen zu Kräften gekommen sehen, um sodann mit der erforderlichen Macht die ihm in Deutschland gebührende und nur vorübergehend aufgegebene Stelle zurückzufordern. Aber, meine Herren! unter den kleindeutschen Schlauköpfen in Preußen und anderswo in und außer Deutschland gibt es auch Leute welche ihre Hintergedanken haben. Diese Männer denken ungefähr wie Sie. „Wenn wir nur einmal Kleindeutschland unter der

Führung Preußens fertig haben," sagen sie zu sich selbst, „dann wird die Zeit auch kommen von Oesterreich die Herausgabe seiner deutschen Provinzen zu fordern." — Was heißt dies anders, als daß die Ansprüche und Hoffnungen, welche von beiden Theilen für jetzt als stille Gedanken gehegt werden, am Ende zu den Waffen greifen müssen, um den Streit durch einen brudermörderischen Kampf zu entscheiden? Durch das innige Freundschaftsband zwischen Kleindeutschland und Großösterreich, für welches einige unter Ihnen in aller Unschuld zu schwärmen scheinen, wird ein solcher Ausgang nicht vermieden werden. Kleindeutschland will nun einmal naturgemäß zu Großdeutschland werden, so gut wie Großösterreich naturgemäß zu Großdeutschland werden will, und so müssen beide unvermeidlich sich im Wege stehen und feindlich zusammenstoßen.

Ich weiß nicht, meine Herren! wie viele unter Ihnen sind, die sich diesen nothwendigen Gang der Dinge klar gemacht haben. Aber einbilden werden sich doch hoffentlich nur wenige von Ihnen, daß die deutsche Nation nicht die erste günstige Gelegenheit ergreifen würde, wenigstens diejenigen Gebietstheile Oesterreichs für sich zu reclamiren, welche Deutschland durch die bestehende Bundesverfassung zugesprochen sind. Statt Oesterreich neue Freunde in Deutschland zu erwerben, treiben Sie durch Ihre Politik die alten mit Gewalt in das preußische Lager; denn aus welchem anderen Grunde haben wir draußen, wenn auch vergebens, dafür gekämpft daß Deutschland in Italien die österreichische Sache zur seinigen mache, — aus welchem anderen Grunde als weil wir in Oesterreich einen d e u t s c h e n Stat, ein Glied des d e u t s c h e n Bundes, Fleisch von u n s e r e m Fleisch und Bein von u n s e r e m Bein erkennen. Und aus Ihren Reihen wagt man zu sagen, daß Deutschland und Oesterreich ihre getrennten Wege zu gehen bestimmt seien?

Das politische Evangelium Ihrer Partei ist das Schwarzenberg-Bach'sche System in's Liberale übersetzt. Ich läugne nicht das Verdienst dieser Uebersetzung, in welcher ein Fortschritt liegt, denn an die Stelle der todten ist eine lebendige Sprache getreten. Aber das Schwarzenberg-Bach'sche System war im Zusammenhange mit dem Geiste und den allgemeinen Zuständen einer bestimmten Periode gedacht, und ein ent-

sprechender Zusammenhang ist Ihnen in der Uebersetzung verloren gegangen. Der Absolutismus jenes Systemes war nicht
Zweck sondern Mittel, — Mittel der Macht für Oesterreichs
Weltstellung. Ihnen ist der Liberalismus Zweck an sich geworden. Mit ihm wollen Sie sich in Ihr Schneckenhaus
verkriechen, als ob es sich von selbst verstehen müßte, daß
der Zeitgeist, den Sie mit hineingenommen zu haben wähnen,
nicht von außen mit dem Stiefel darauf tritt.

Um Ihnen dieses und noch einiges andere zu sagen
was auf den folgenden Blättern steht, habe ich Ihnen spe-
ciell diese kleine Schrift gewidmet und empfehle dieselbe
Ihrer Beachtung, — zugleich aber warne ich Sie vor
fremden Intriguen, denen Sie augenscheinlich nicht gewachsen sind.

Wien, den 8. September 1861.

Julius Fröbel.

I.

Die nationalen Angelegenheiten Deutschlands sind seit einer Reihe von Jahren von allen Standpunkten und in allen Richtungen öffentlich besprochen worden. Es ist Zeit die Ergebnisse dieser theoretischen Arbeit für die praktische Benutzung zusammenzufassen. Wer an den Erörterungen Theil genommen, wer andere Meinungen gehört, die eignen erweitert, geklärt und berichtigt hat, wird sich endlich gedrungen fühlen aus den langen Verhandlungen den Schluß zu ziehen. Hinter einem letzten Rathschlage kann dann nur noch die Betheiligung an den praktischen Ausführungen liegen, zu denen die deutsche Nation unvermeidlich übergehen muß.

Wenige unter uns sind sich nicht darüber klar, daß es eine deutsche Frage gibt die gelöst werden muß, und deren Lösung keinen Aufschub leidet, wenn nicht aus dem längeren Zögern gefährliche Folgen hervorgehen sollen. Unter den Fragen der Gegenwart aus deren Gehalt die Geschichte auf Jahrhunderte hinaus neue Anstöße zu erwarten hat, ist im politischen Sinne die deutsche die wichtigste. Alle anderen politischen Fragen Europas laufen in ihr zusammen, und nur die schmachvollste Rath= und Thatlosigkeit der deutschen Nation selbst könnte unsere Angelegenheiten ihres natürlichen Ranges berauben, — nicht ohne daß die Welt an

unseren hohen, aber dann als hohl erwiesenen Ansprüchen auf
historische Stellung durch einen entsprechenden Grad von
Verachtung verdiente Rache nehmen würde. Für uns selbst
bedeutet die deutsche Frage die Wahl zwischen Ehre und
Schande, für die Welt bedeutet sie das Schicksal Europas.
Durch die richtige Gestaltung der deutschen Angelegenheiten
allein kann die in ihrer Auflösung begriffene abendländische
Gesellschaft wieder verjüngt, auf den Ausgangspunkt einer
neuen Culturreihe gestellt, und so in ihrem selbstständigen
Leben gesichert werden. Ohne die hierzu erforderliche Leistung
der deutschen Nation muß der Proceß der inneren Zer=
setzung und äußeren Gewaltbildung — zweier mit Noth=
wendigkeit zusammengehörenden Theilerscheinungen eines und
des nämlichen Vorganges — seinen ungehemmten Lauf neh
men, und es wird dann für uns wie für Andere gleichgiltig
sein ob das Verhängniß langsamer oder schneller, und in
dieser oder jener Form über uns hereinbricht!

Und was ist der Kern, der wahre Gehalt dieser Frage,
der wir solche Bedeutung zuschreiben?

Ehe wir diesen Kern darlegen, müssen wir ihn, und
namentlich zur Belehrung anderer Nationen, welche, wie
Franzosen, Russen und Engländer, Weltbeglücker von Beruf
sind von seinen täuschenden Umhüllungen befreien. Und so
müssen wir, diesen Nationen gegenüber, die Erklärung abge=
ben, daß wir uns innerhalb unserer eigenen Grenzen ganz
leidlich wohl befinden. Es fehlt uns, abgesehen von den un
vermeidlichen Unvollkommenheiten menschlicher Dinge, weder
an Wohlstand noch an innerer Freiheit. Selbst das verru
fene Oesterreich bietet in diesem Augenblicke seinen Bürgern
und fremden Bewohnern ungleich mehr geistige und mate=

rielle Freiheit dar als Frankreich seit lange zu kosten be
kommen hat, und was die materiellen Zustände betrifft, so
werden hier, trotz Agio und Finanzverlegenheit, noch immer
mehr gebratene Hühner gegessen als anderswo, und die Zahl
derer welche Hunger leiden ist geringer als in den meisten
Ländern der Welt. Fremde Unwissenheit, mit fremder Eitelkeit wetteifernd, verschwendet ihre Theilnahme wenn sie uns
in Oesterreich oder in Preußen, in Baiern oder sonstwo, als
Unterdrückte oder Nothleidende beklagt Wir haben noch einige
Stellen in Deutschland wo die Dinge vieles zu wünschen
übrig lassen, aber diese Flecken sind weder größer noch schwär-
zer als andere welche sich auf der Karte des britischen Rei
ches da und dort übel ausnehmen, — des Zustandes anderer
Länder nicht zu gedenken. Im Ganzen hat sich der Zustand
Deutschlands in den letzten Jahrzehnten in fast allen Beziehungen in glücklichster Weise gehoben, und wenn wir unzu
frieden sind, so ist es nur weil wir angefangen haben an
unsere nationalen Bedürfnisse einen ziemlich hohen Maßstab
anzulegen. Unsere untersten Classen sind längst vom Drucke
frei, genießen Gleichheit des Rechtes mit den höheren Stän
den, und dieses gleiche Recht ist ihnen v i e l leichter zugäng-
lich als der bei weitem größten Zahl britischer Bürger.
Diese unsere untersten Classen stehen ökonomisch besser und
machen höhere Ansprüche auf Lebensgenuß als die gleichna
migen Volksclassen der meisten anderen Länder; und geistige
Bildung mit ihren wohlthätigen Folgen ist unter ihnen un=
gleich allgemeiner verbreitet als auf irgend einem anderen
Raume der Erdoberfläche unter den gleichen Bestandtheilen
der Gesellschaft. Unsere Bauern befanden sich nie in einem
gedeihlicheren Zustande als gegenwärtig, und kein Land der

Welt, mit Ausnahme der Vereinigten Staten von Amerika, die hierin jedoch nicht wohl eine Vergleichung zulassen, kann sich eines so gebildeten und wohlstehenden Bauernstandes, wie im Durchschnitte der deutsche ist, rühmen. Wir haben einzelne arme Gebirgsgegenden welche zuweilen von bitterer Noth heimgesucht werden; aber was will das bedeuten im Vergleich mit entsprechenden Zuständen anderer Länder, welche keiner näheren Bezeichnung bedürfen. Unsere Kaufleute und Fabrikanten sind wohlhabend und dehnen den Kreis ihrer Unternehmungen über die Welt aus. Die Erzeugnisse deutschen Kunst und Gewerbfleißes sind auf allen Märkten, und selbst England hält es nicht unter seiner Würde, sich in dieser wie in mancher anderen Beziehung mit deutschen Federn zu schmücken. „Englische" Waren werden in mancher entlegenen deutschen Provinz verfertigt. — Was sollen wir noch sagen? — Unsere Universitäten sind von der Jugend entfernter Länder und Welttheile besucht; unsere Gelehrten und Philosophen sind praktisch geworden und suchen die Wissenschaft fruchtbringend für das Leben zu machen; unsere unruhigen Köpfe haben aufgehört unwissende Idealisten zu sein, und arbeiten an politischen Aufgaben welche im Gebiete des Erreichbaren liegen; unsere Staatsbeamteten haben den Bürger mit Achtung behandeln gelernt, und selbst unsere Fürsten sehen sich vom allgemeinen Strome des nationalen Lebens fortgerissen, und sind, mit Ausnahmen für die wir nicht unseren ganzen Fürstenstand verantwortlich machen können, patriotisch geworden.

Wir bedürfen also keines Mitleides von Seiten fremder Nationen. Wir sprechen über unsere nationalen Angelegenheiten nicht wie die Polen „mit Thränen im

Auge." Die deutsche Frage enthält nicht, wie die italienische, einen „Schmerzenschrei", sondern höchstens einen zurückgehaltenen Schrei des Unwillens, der, wenn er je einmal ausbrechen sollte, dem Gebrauche der Fäuste gegen fremde Unart vorausgeht. Was wir meinen, wenn wir einräumen daß es eine deutsche Frage gibt, ist die Herstellung eines politischen Zustandes, der andere Nationen veranlaßt sich gegen uns in Zukunft der Ungebühr zu enthalten. Wir haben freilich auch einige Forderungen der inneren Politik die wir durch eine Umgestaltung unserer nationalen Verfassung befriedigt zu sehen wünschen. Wir verlangen jene Einheit des geistigen und materiellen Verkehres innerhalb der Nation, durch welche diese erst ihre volle Kraft wird entwickeln können. Der wesentlichste Gesichtspunkt aber liegt uns bei der deutschen Frage in unserer Stellung zu den anderen Völkern. Wir verlangen die Einheit nationaler Macht zurück, die uns den uns gebührenden Rang in der Gesellschaft der Staten und Nationen sichert. Dies ist das Ziel welches wir im Auge haben, wenn wir von einer politischen Neugestaltung Deutschlands sprechen.

Wir wissen sehr wohl, daß dies Ansprüche sind die wir nur durch den Erfolg unserer eignen Anstrengungen geltend machen können. Keiner anderen Nation muthen wir zu uns in diesen Bestrebungen behilflich zu sein; keiner können wir es verdenken wenn sie uns Hindernisse in den Weg legt. Aber wir nehmen uns heraus unsere nationalen Angelegenheiten ohne fremde Einmischung zu ordnen, und wir sind bereit, wenn es nöthig sein sollte, solche Einmischung mit Gewalt zurückzuweisen. Wir bilden uns ein thatsächlich die Macht dazu schon zu besitzen, die wir nur politisch organisiren

wollen, und eben auf diesen Glauben gründen wir unsere
Ansprüche.

Indessen erhebt uns allerdings das sittliche Bewußtsein,
daß die Stellung welche wir unter den Nationen beanspru=
chen, dem Interesse Aller, dem Bedürfnisse der politischen
Welt überhaupt entspricht. Wir sind zu klar und unparteiisch
im Verständniß der Geschichte, um nicht zu wissen daß das
bloße Selbstgefühl, das bloße subjective Machtbedürfniß, noch
kein Recht auf Befriedigung in sich schließt. Das Selbst=
gefühl einer Nation kann so hohl sein, wie das eines einzel=
nen Menschen. Die Geschichte unserer Tage ist widerwärtig
durch den Anblick aller der aufgeblähten Nullen in der Gesellschaft der Völker wie der Individuen. Sind wir vielleicht
auch nichts besseres als diese? — Wir wollen es auf die
praktische Probe ankommen lassen, und möge uns, wenn es
so ist, die verdiente Demüthigung treffen! Was aber unser
eigenes Urtheil über unseren politischen Beruf betrifft, so
gründet sich dieses nicht allein auf das Bewußtsein unserer
geistigen und sittlichen Kraft und Tüchtigkeit, sondern auch
auf die klare Einsicht in die Lage der Welt, und die aus
dieser Lage entspringenden Bedürfnisse.

II.

Wodurch kennzeichnet sich diese Lage der Welt, und welche sind die aus ihr entspringenden Bedürfnisse?

Mit dem Sturze des deutschen Reiches erhielt die mittelalterliche Weltordnung ihren letzten und tödtlichen Stoß. Der lebendige Geist war schon längst aus ihr gewichen. Neue Gedanken und Lebensrichtungen hatten schon längst angefangen sich die entsprechenden gesellschaftlichen und staatlichen Formen zu schaffen und diese an die Stelle der alten zu setzen. Jetzt war die Grundform aller mittelalterlichen Staatenbildung gebrochen, und dem Strome des modernen Realismus mit allen seinen Verzweigungen stand kein äußeres Hinderniß mehr entgegen.

Indessen hatte das deutsche Reich in dem Ganzen des europäischen Staatensystemes einen Beruf zu erfüllen gehabt, der nun von irgend einer anderen Macht übernommen werden mußte. Die Staten einer culturhistorischen Gruppe stehen nicht wie getrennte Atome neben einander, wenn auch der beschränkte Blick sich die Sache so denkt, und die politische Trivialität, welche in unseren Tagen sich breit macht, darin sogar ein Ideal finden mag. In allen großen Perioden der Geschichte haben wir es mit Statengruppen zu thun, welche ein organisches Ganze bilden. In einem solchen hat jedes Glied seine ihm zugewiesene Verrichtung; aber wie im thierischen Körper, veränderten Umständen und Bedürfnissen gemäß, ein Organ die Stelle des anderen vertreten kann, so auch im Gebiete des politischen oder gesellschaftlichen Lebens. Ganz naturgemäß hat darum die Macht durch welche das deutsche Recht vernichtet wurde, als Uebernehmer der internationalen Rolle dieses letzteren, im Systeme der europäischen Staten sich an dessen Stelle zu setzen gesucht. Die nämliche Macht durch welche das altersschwache heilige römische Reich d e u t s ch e r Nation vernichtet wurde, hat seitdem ein heiliges römisches Reich g a l l i s ch e r Nation aufzurichten gestrebt, und für den Augenblick t h a t s ä ch l i ch diesen Zweck sogar schon erreicht.

Dies ist, für die p o l i t i s ch e Weltgeschichte, der wahre und eigentliche Sinn der französischen Statsumwälzung und ihrer völkerrechtlichen Folgen. Daß dieser Sinn nicht ausgesprochen wurde und bisher weder Namen noch formale Anerkennung gesucht hat, nimmt ihm nichts von seiner Wahrheit und seinem Gewichte. Die großen geistigen Mächte der Geschichte sind immer nur Prätensionen gewesen, und eben a l s s o l ch e haben sie ihre Gewalt ausgeübt.

Der Versuch mit dem ersten Kaiserreiche scheiterte. Ganz Europa lehnte sich dagegen auf Collegialisch hat die heilige Allianz, dann die Pentarchie, auf kurze Zeit die Rolle übernommen, welche irgend Jemand übernehmen m u ß t e wenn nicht der Organismus des europäischen Statensystemes in seine Atome zerfallen sollte. Durch das zweite Kaiserreich sehen wir jedoch auch die Pentarchie ihrerseits gestürzt, wenn auch die Gegenwart noch Zeuge ihrer letzten Lebenszuckungen sein mag. Wenn Frankreich von der

Beseitigung der Verträge von 1815 spricht, so ist dies nur die Forderung daß der Leichnam begraben werde, während damit zugleich die Rückkehr zu den Prätensionen welche aus der Erledigung der vormals vom deutschen Reiche eingenommenen Stellung für Frankreich abgeleitet werden können, offen und unumwunden bekannt wird.

Eine andere Veränderung des allgemeinen politischen Weltzustandes aber ist mit der bezeichneten gleichlaufend und im Zusammenhange gegangen.

Es gab eine Zeit wo das System der christlichen Staten sich auf Europa beschränkte. Seitdem sind auf der einen Seite die selbständig gewordenen amerikanischen Colonien als neue Mächte hinzugekommen, auf der anderen hat Rußland ausgedehnte Räume Asiens hereingezogen. Im türkischen Reiche aber ist der Islam unter die Abhängigkeit christlicher Culturformen gerathen, und hat damit gleichfalls einen Theil seines Gebietes an das große Ganze der die Geschichte der Gegenwart bestimmenden Nationen abgetreten. Mit Recht haben daher politische Schriftsteller der neuesten Zeit darauf aufmerksam gemacht, daß von einem ausschließlich europäischen Statensysteme nicht mehr die Rede sein kann. Und in der That ist davon nur noch im Geiste einer veralteten Routine die Rede. Man mag sich über die verlorene exclusive Geltung zu trösten suchen, indem man Rußland als einen wesentlich europäischen Stat gelten läßt, wenn er auch die ganze Tatarei und das halbe China annectirt haben sollte, und indem man die Türkei, so lange sie noch das Leben fristet, in das sogenannte europäische Concert aufgenommen und so gewissermaßen bei noch lebendigem Leibe in Companie beerbt hat. Man wird damit die

Thatsache nicht beseitigen daß das System, im Osten wie im Westen, weit über die Grenzen Europa's hinausgreift, und ganz wesentlich durch außereuropäische Kräfte mitbestimmt wird. Dies würde schon durch die überseeischen Besitzungen der Colonialmächte gegeben sein. Die Unabhängigkeit der amerikanischen Staten hat aber auch diese überseeischen Machtelemente zum Range selbständiger Mächte erheben.

Am meisten sträubt man sich gegen die Einsicht, daß diese letzteren in der Gesellschaft der altehrwürdigen Größen des ehemaligen ausschließlich europäischen Systemes mitzählen sollen. Freilich haben selbst die Vereinigten Staten bisher nur in vereinzelten Fällen, wie in den chinesischen und japanischen Angelegenheiten und in der Sundzoll-Frage, in die Verhältnisse der außer-amerikanischen Welt eingegriffen, und die gegenwärtigen Zerwürfnisse innerhalb der Union scheinen der Hoffnung Nahrung zu geben, daß der Zeitpunkt des mitbestimmenden Einflusses transatlantischer Mächte in weite Ferne gerückt sei, vielleicht niemals eintreten werde. Man befindet sich aber mit dieser Hoffnung in einem großen und gefährlichen Irrthume. Die Vereinigten Staten von Amerika sind und bleiben der stärkste Repräsentant des realistischen, utilitarischen Geistes unserer und der nächstkommenden Zeit, und ihre Kraftentfaltung, welche ganz auf der historischen Macht dieses Geistes beruht, ist unabhängig von den Phasen und Krisen formaler Politik. Vereinigt oder getheilt, in zwei oder in drei Theile, werden sie sich — wie auf der anderen Seite Rußland — in immer schrofferem Gegensatze gegen Europa entwickeln, ja ihre Theilung kann uns nur mit vervielfältigter Gefahr bedrohen. Welchen Ausgang auch der nordamerikanische Bürgerkrieg nehmen wird, eine seiner letzten Wirkungen wird gerade die sein, das thätige Eingreifen der Staten der neuen Welt in die Angelegenheiten der alten vorzubereiten. Zunächst werden diese inneren Kämpfe die Ausbildung einer amerikanischen Kriegsmacht bewirken, welche bisher, zu Land wie zur See, nur in embryonischem Zustande vorhanden gewesen ist. Die Ursachen feindlicher Spannung mit anderen Mächten werden zur passenden Zeit nicht fehlen, wenn mit der kriegerischen Uebung und Ausbildung die Streitlust sich einstellt. Es mag dies noch nicht unmittelbar vor uns liegen. Aber wie beschränkt urtheilen die, welche das Gewicht der Staten nur nach ihrer unmittelbaren Angriffsfähigkeit schätzen zu müssen glauben! Der Feind welcher mich aushungern kann, der Nebenbuhler welcher mir in allen erspießlichen Dingen den Weg vertritt, ist mir gefährlicher als der welcher mich geradezu angreift; und der Berg hinter meiner Wohnung, auch abgesehen von der Frage ob er mir Felsblöcke auf den Hals zu senden droht, beeinflußt durch sein bloßes Dasein meine Lebensweise, und gehört zu der Gesammtheit der mich bestimmenden äußeren Mächte. Wir müssen also dem gothaischen Almanach beistimmen, wenn er unter den Bildnissen der europäischen Fürsten seinem Publikum auch die der amerikanischen Staatsoberhäupter vorführt, denn mit vollem Rechte gehören sie in diese Gesellschaft.

So ist ein großes Ganze der politischen Weltordnung entstanden, in welchem Nordamerika und Rußland, dem Raume wie dem Geiste nach, die äußersten Glieder sind, die Staten des europäischen Abendlandes aber die Mitte ausmachen. In dieser Mitte sieht sich die specifisch europäische

2

Bildungsform durch die natürliche Entwickelung des einseitigen Geistes beider Extreme bedroht, — auf der einen Seite
durch die außerordentlichen Erfolge eines rücksichtslosen In
dividualismus in welchem das amerikanische Leben aufgeht,
auf der anderen durch die eben so großen Aussichten welche
sich in Rußland einem unvermeidlichen wenn auch genver
nementalen Socialismus eröffnen: denn kein verständiger
und sachkundiger Mensch wird glauben, daß in Rußland aus
der Aufhebung der Leibeigenschaft die gesellschaftlichen Zustände des Westens hervergehen könnten.

Dem Urtheile der Kurzsichtigkeit mag es lächerlich erscheinen, aus solchen Anschauungen Beweggründe für die
Politik der Gegenwart abzuleiten. Unsere Zeit aber hat
einen Mann, welcher aus der Kurzsichtigkeit der Anderen
seine Macht zieht, und dieser Mann überblickt und durch-
schaut die Verhältnisse welche wir hier im Großen gezeich-
net haben. Aber freilich verschließt er seine Kenntniß und
Einsicht in sich selbst, und läßt sie nur sein System
und seine Handlungen bestimmen, während uns Anderen
nichts übrig bleibt als die Lage der Dinge zum öffentlichen
Bewußtsein zu bringen.

Dieses letztere aber ist in hohem Grade nöthig. Die
Statengruppe des europäischen Abendlandes hat eine große
Arbeit vor sich, wenn sie die Unabhängigkeit .europäischer
Bildung gegen die einseitigen Culturrichtungen des amerika-
nischen Westens und des slavo-tatarischen Ostens behaupten und
sicherstellen will. Zur Vollbringung dieser Arbeit ist die en-
gere Verbindung ihrer Glieder zu einer in sich geschlossenen
Gruppe erforderlich, — der Gruppe der streng europäischen
Staten, in welche Rußland so wenig gehört wie Amerika.

Diese engere Verbindung muß zu Stande gebracht wer=
den, — — durch die Uebermacht des französischen Kaiser=
thumes — — wenn nicht durch die freie Bundesgenossenschaft
einer Anzahl von Staten welche sich um die deutsche Nation
gruppiren, und für welche ein politisch neugestaltetes Deutsch=
land den Kern der Vereinigung bildet. Frankreich und Deutsch=
land treten mit verschiedenen, in mancher Beziehung entge=
gengesetzten Principien für die Lösung einer und derselben
geschichtlichen Aufgabe als Concurrenten auf : Frankreich
mit dem aufgeklärten Centralismus, welcher sich der neuen
Zeit rückhaltlos in die Arme gestürzt hat, — Deutsch=
land mit dem Föderalismus in dessen Formen Altes und
Neues sich zu vermitteln und zu vertragen sucht ; — Frankreich
die Gegensätze gewaltsam niederhaltend, — Deutsch=
land ihnen eine Versöhnung bietend und der religiö=
sen Toleranz die politische hinzufügend.

Das ist im Wesentlichen die Lage der
Welt, und nach dieser bemißt sich die Bedeu=
tung der deutschen Frage, welche man eben
so wohl die französische, die russische, oder
die europäische nennen könnte.

III.

Und wenn dies die Bedeutung der deutschen Frage ist, kann der Augenblick als günstig betrachtet werden zu ihrer praktischen Lösung einen entscheidenden Schritt zu thun? — Es muß dies mit einem bestimmten j a beantwortet werden.

Die Zeit ist günstig, weil unter uns die theoretische Discussion sich erschöpft hat. Es gibt über die Form welche Deutschland zu geben ist keine Ansicht die wir nicht gehört hätten, es gibt keinen Vorschlag der nicht gemacht, keine Ein wendung die nicht erhoben, keine Kritik die nicht ausgeübt worden wäre. Es bleibt nur die Zusammenfassung der Er= gebnisse, die Formulirung bestimmter Anträge, die Annahme und die Ausführung übrig. Und Jedermann in Deutschland fühlt dies. Die Zeit zum Handeln muß gekommen sein, weil Jedermann des Redens, des Schreibens und Lesens müde ist.

Die Zeit ist auch insofern günstig als die öffentliche Meinung Deutschlands, theils durch die Gründe der Ver= nunft welche in den Discussionen vorgebracht worden sind, theils durch die noch eindringlicheren Lehren des thatsächli= chen Ganges der Dinge, gerade jetzt von so manchen Thor= heiten der Theorie zurückgekommen ist, welche uns in der Erreichung eines praktischen Zieles im Wege standen. Die abstracten Grundsätze überhaupt haben bei fortgeschrittener

Weltkenntniß und höher entwickeltem politischem Verstande in der deutschen Nation ihre einseitige und ungebührliche Herrschaft verloren. Niemals hoffentlich wird unser Volk auch in der Behandlung seiner politischen Angelegenheiten die allgemeinen Forderungen der Gerechtigkeit und Sittlichkeit unberücksichtigt lassen; niemals wird, wohin auch falsche Rathgeber es drängen mögen, der Weg eines gewissen- und ehrlosen Macchiavellismus der sein auf welchem wir eine erneuerte nationale Größe zu erreichen suchen. Aber unsere Gerechtigkeitsliebe hat allmälig die Augen aufthun gelernt und läßt sich nicht mehr zum Werkzeuge fremden Eigennutzes machen.

Wir beziehen uns hier in's besondere auf das öffentliche Urtheil Deutschlands über das sogenannte Nationalitätsprincip. Noch vor Kurzem ließen sich auch bei uns Stimmen vernehmen, welche in diesem unklaren und gänzlich unpraktischen Begriffe den Ausgangspunkt für ein neues Heil der Menschheit und einen tiefen Schatz noch unerkannter und geheimnißvoller Kraft anerkannten. Diese Stimmen sind verstummt, und die deutsche Nation ist zu klar und verständig als daß sie jemals hätten die öffentliche Meinung beherrschen können. Nichtsdesto weniger hatten sie einen störenden Einfluß, und es ist ein Gewinn daß die Thorheit ihren Ablauf gehabt hat. Zur Aufklärung haben die Bekenner des Systemes selbst mehr beigetragen als seine Gegner. Wenn z. B. England das Nationalitätsprincip auf Italien anwendbar, auf Irland, Ostindien und die Jonischen Inseln aber nicht anwendbar fand, so hat dies dem Deutschen klar gemacht in welchem Sinne in England die Sache verstanden wurde. England fand, das konnte nicht unklar bleiben, das Princip

auf Italien anwendbar weil es die Begründung einer ita=
lienischen Nation dem britischen Interesse angemessen glaubte,
und England fand das nämliche Princip da nicht anwend=
bar wo seine Anwendung, wie in Irland, in Ostindien oder
auf den Jonischen Inseln, dem englischen Interesse wider=
streitet. Das heißt, ohne Umschweife und theoretische Zuthat:
England befördert neue Statenbildungen und völkerrechtliche
Umgestaltungen da wo es ihm nützlich scheint, und tritt
ihnen entgegen da wo das Gegentheil stattfindet. Dagegen
läßt sich an sich nichts einwenden; denn nur die Mittel
deren sich ein Stat zur Wahrung seiner Interessen bedient,
machen den Unterschied zwischen politischer Ehrenhaftigkeit
und politischer Schurkerei. Und wenn wir nun gesehen ha
ben, während alle Staten der Welt von jeher so verfahren
sind und noch jetzt so verfahren, daß uns, die man für
überstudirte und dummspeculirte Schulmeister und Kanne=
gießer hält, — daß man uns allein in allem Ernste es
zumuthet die werthvollen Erwerbungen früherer Zeiten und
die Bedingungen unserer nationalen Macht für einen ab
stracten Grundsatz aufzuopfern, welcher in der Theorie sich
nicht über den Rang einer Marotte, in der Praxis nicht
über den einer Narrheit erhebt, — dann hat sich auch bei
uns endlich ein Ueberrest von gesundem Egoismus geregt,
ohne den kein lebendes Wesen bestehen kann. Oder wenn
ein croatisches Urtheil, aus dem Munde eines in dem kleinen
Volke wie es scheint großen Mannes erklärt, lieber unter
türkischem Joche stehen zu wollen, dem sich nur der Leib
beugen müsse, als unter einer der civilisirten Nationen,
welche der Nationalität Gewalt thun, — sieht nicht unter
den Deutschen ein jeder nachdenkende Mensch ein, daß wir

es in dem Nationalitätsprincipe zum großen Theile nur mit dem Widerstreben der ganzen oder halben Barbarei gegen die Civilisation zu thun haben? Solche Entdeckungen sind im deutschen Urtheile entscheidend. Das Nationalitätsprincip hat bei uns seinen idealen Werth verloren, und ist für uns nichts mehr als ein Vorwand der Auflehnung gegen höhere politische und culturhistorische Bestimmungsgründe, wenn nicht ein Schlagwort des gemeinen Eigennutzes.

Die Zeit zu praktischen Schritten ist aber für uns ganz besonders gekommen, weil die Lage der Welt im gegenwärtigen Augenblicke es uns möglich macht über unser Schicksal zu verfügen.

Während des italienischen Krieges und unmittelbar nach seinem Schlusse hatten D i e Recht, welche der Nation sagten daß der Augenblick äußerer Bedrohung wenig geeignet sei an unserer Bundesverfassung zu rütteln, und mit einer nationalen Umgestaltung, über welche die Meinungen sich noch lange nicht geeinigt gefährliche Experimente zu treiben. Aber ebenso sehr hatten auch D i e Recht, welche schon damals im Voraus es aussprachen, daß der erste gesicherte Augenblick benutzt werden müsse das dringende Werk zu verrichten. Denn zu brandmarken wäre die feige Selbstsucht welche der Nation ihre gerechten Ansprüche heute verenthält weil die Zeiten zu stürmisch, und morgen weil die Zeiten zu ruhig sind. Einmal muß der rechte Zeitpunkt da sein: im Kriege wenn nicht im Frieden, — im Frieden wenn nicht im Kriege! — Die Lage der Welt ist unseren nationalen Bestrebungen günstig, und nur vergeblich würden wir auf bessere Bedingungen des Gelingens warten.

In dieser Beziehung müssen wir besonders die österreichischen Verhältnisse ins Auge fassen.

So lange das Dasein des österreichischen Kaiserstates, wie in den letzten Jahren, in Frage gestellt war, konnte es für jeden Deutschen von politischer Einsicht nur eine Politik geben, — die Erhaltung der bestehenden Verhältnisse. Der Revolution um jeden Preis stellte sich naturgemäß die Erhaltung um jeden Preis gegenüber. Der Untergang des Kaiserstates, vom Radicalismus als Bedingung des Heiles der Welt angesehen, würde das ganze europäische Staten system mit sich gerissen haben, und zwischen seinen Trümmern würden die Hoffnungen Deutschlands mit in den Strudel hinabgezogen worden sein. Wie der Schiffer, soeben harbreit an der Grenze der Vernichtung vorbeigestreift, nun wieder aufathmet, so wir, die wir die Gefahr verstanden in welche Europa durch die äußere Lage und die inneren Zustände Oesterreichs versetzt war. Mit zurückgehaltenem Athem haben wir auf den Punkt geblickt, wo uns allen der Untergang drohte. Eine günstige Strömung hat uns vorbeigeführt und unsere Brust hebt sich wieder. Vor uns liegt die offene See. Nicht ohne viele und ernste Gefahren, aber Gefahren denen wir, wenn wir unsere Kräfte zusammennehmen, gewachsen sind. Es handelt sich nur noch darum das Steuer zu führen und Wind und Fahrwasser zu benutzen. Und mit der Sicherung Oesterreichs ist die ganze Lage Europas eine andere geworden, und Deutschland ist wieder Herr seines eigenen Schicksals.

Unter den Schwierigkeiten mit denen Oesterreich noch zu kämpfen hat, ist eine aus welcher Einwände gegen entscheidendere Schritte zur praktischen Lösung der deutschen

Frage im gegenwärtigen Augenblicke hergeleitet werden könnten: wir meinen das Verhältniß zu Ungarn. Wir selbst
haben an anderer Stelle ausgesprochen daß die ungarische
Frage v o r der deutschen gelöst werden müsse, weil doch
klar sein müsse, was Oesterreich, aus eigenen inneren Bedingungen, für die Zukunft selbst sein wird, ehe sein Verhältniß zum übrigen Deutschland bestimmt werden könne.
Jenes Urtheil indessen wurde unter der Voraussetzung einer
raschen Beilegung des Streites mit Ungarn ausgesprochen,
— eine Voraussetzung die damals bei hochgestellten Männern
die herrschende war. Der Erfolg ist ein anderer gewesen.
Das Zerwürfniß mit Ungarn zieht sich in die Länge, und
wenn es unter solchen Umständen noch einen entscheidenden
Einfluß gibt welcher zur Beförderung einer günstigen
Lösung herbeigezogen werden kann, so ist es der welcher sich
durch ein entschiedenes Vorgehen in der deutschen Frage aus-
üben läßt. Die Haltung der Ungarn beruht zum großen
Theile auf falschen Voraussetzungen in Bezug auf deutsche
Parteibestrebungen und Parteiaussichten. Augenscheinlich hat
in Ungarn, bei denen welche überhaupt Bildung genug besitzen auf deutsche Beziehungen Rücksicht zu nehmen, die
Meinung vorgeherrscht, daß der Sieg der preußischen Partei,
welche entweder die gänzliche Lossagung Deutschlands von
Oesterreich verlangt oder auf die Zertrümmerung des Kaiserstates speculirt, unzweifelhaft sei. Im ersten Falle könnte
allerdings für das Reich nichts übrig bleiben als sich auf
Ungarn zu stützen, Pesth zur Hauptstadt zu machen, und
den Blick hinfort auf die anstoßenden türkischen Provinzen
zu richten. Unter solchen Voraussetzungen allerdings mußte
das Magyarenthum, ohne sich selbst zu überschätzen, An-

sprüche für begründet halten welche außerdem thöricht er=
scheinen. Wer in die geheime Geschichte der großen poli=
tischen Operationen der letzten Jahre einige Blicke gethan
hat, ist vielleicht nicht ganz unbekannt mit der Thatsache
daß die Ungarn in der Erwartung eines solchen Ganges
der Dinge nicht minder positive Anhaltspunkte hatten,
als in der Aussicht auf eine Zertrümmerung des Kaiser=
staates, und indem sich ihre gemäßigten Männer von den
Ultras nur dadurch unterscheiden, daß die ersteren Groß=
ungarn mit Oesterreich die zweiten ohne Oesterreich her=
stellen wollen, konnten beide mit einander von der Hoffnung
leben die ihnen aus den Umtrieben der gothaischen Partei
hervorgingen. Die Stellung der Ungarn muß aber ihnen
selbst als eine andere erscheinen, so wie sie erfahren daß
Süddeutschland, und vor Allem die süddeutsche Demokratie,
weit davon entfernt ist den gothaischen Plänen zuzustimmen,
und daß auch die norddeutsche Demokratie eine großdeutsche
Fraction hat, stark genug um in Verbindung mit anderen
Elementen die Ausführung des einen oder des anderen go=
thaischen Programmes unmöglich zu machen. Der Vortheil
Ungarns muß seinen Patrioten in einem ganz anderen Lichte
erscheinen, sobald in Deutschland ein großdeutsches Programm
zum Siege kommt welches die Erhaltung von Oesterreich
zu seiner ersten Voraussetzung hat. Und so zeigt sich, daß
wie die Dinge sich entwickelt haben, das Verhältniß der
ungarischen und deutschen Frage in Bezug auf Priorität der
Entscheidung sich umgedreht hat. Sollte früher die Ent=
scheidung der ungarischen Frage der der deutschen voraus=
gehen, so muß nun umgekehrt das Vorgehen in der deutschen
zur Entscheidung der ungarischen benutzt werden. Darum

ist ein praktischer Entschluß in den deutschen Angelegenheiten nun auch für Oesterreich doppelt zeitgemäß geworden.

Ueberhaupt ist sowenig für Oesterreich wie für Preußen oder irgend einen anderen deutschen Stat eine definitive Erledigung innerer Anstände außer Verbindung mit der deutschen Frage möglich. Der Gedanke, Oesterreich, Preußen, Schleswig-Holstein oder auch nur Kurhessen, gewissermaßen fertig zu machen, und dann erst mit einem solchen Ergebniß an die Umgestaltung Deutschlands zu gehen, ist auf der Stufe der Entwickelung die unsere Angelegenheiten nun erreicht haben, nicht weiser als der Einfall einen Menschen gliedweise zu erzeugen, indem man zuerst Kopf, Arme, Beine u. s. w. verfertigt, und dann die Theile zum Ganzen zusammenfügt. Die deutsche Sache hat in dieser Beziehung in Oesterreich allerdings viel größere Vorurtheile und Hindernisse zu überwinden als in Preußen; denn während in letzterem Lande Tausende mit vollkommener Klarheit es einsehen daß eine ersprießliche Fortentwickelung des Königreiches nicht außer Verbindung mit der deutschen Frage gedacht werden kann, sind in Oesterreich, selbst unter den Politikern und Publicisten von Fach, bis jetzt leider nur wenige zu finden welche nicht mit dem Satze bereit sind: „erst müssen wir mit unseren eigenen Angelegenheiten fertig sein, ehe wir uns mit den deutschen befassen können." Man scheint sich nicht klar zu machen, daß wenn Oesterreich ohne Deutschland fertig werden kann, Deutschland versuchen muß ohne Oesterreich fertig zu werden, und daß allein fertig werden hier so viel heißt wie nachher auch allein seinen eigenen Weg weiter gehen. Ueber den letzten Punkt mag man verschieden urtheilen, indem man ein solches Ergebniß rühmen oder be-

klagen könnte. Im zweiten Falle aber versteht es sich we=
nigstens von selbst, daß Oesterreich auch für seine eigene
innere Ausbildung schon jetzt Beweggründe anerkennen muß
welche aus den deutschen Verhältnissen hervorgehen, und daß
also auch für die Erledigung der ungarischen Frage die wesent-
lichsten Entscheidungsgründe aus den Beziehungen zu
Deutschland hergeleitet werden müssen. Der
Grundsatz also, daß Oesterreich seine eigenen Angelegenheiten ge=
ordnet haben müsse ehe es sich auf die deutschen einlassen könne,
ist, bewußt oder unbewußt, das Programm eines österreichischen Gothaismus, der die Ueberlassung Deutschlands
an Preußen zum Ziele hat. Wenig scheinen Die welche ein
solches Ziel verfolgen, daran zu denken daß sie damit die
letzten Parteigänger Oesterreichs in Deutschland mit Gewalt
in das preußische Lager treiben würden, und daß selbst
Preußen, weit entfernt für den geleisteten Dienst dankbar
zu sein, mit dem Augenblicke der es zuerst an der Spitze
Deutschlands sieht, von jedem Deutschen unterstützt, an der
Erwerbung der deutschen Länder Oesterreichs, also thatsäch=
lich an der Zertrümmerung Oesterreichs arbeiten müßte. Die
deutsche Frage vertagen, heißt also für Oesterreich so viel
wie die eigene Zukunft vom Ausgange eines Krieges mit
Deutschland abhängig machen. Wir lassen es dahingestellt,
ob es einen österreichischen Statsmann gibt der, wenn er
die Wahl hat, einen solchen Gang der Dinge auf sein
Gewissen nehmen möchte. Denn darüber mögen sich auch
die österreichischen Separatisten im Wiener Reichsrathe nicht
täuschen; — die großdeutsche Partei, deren Mitglieder die
einzigen Anhänger Oesterreichs in Deutschland sind, macht
das Eigenthumsrecht der deutschen Nation auf die österrei=

chischen Bundesländer geltend, und ist sogar der Ansicht,
daß ein einzelner deutscher Stat die auswärts erworbenen
Vortheile nicht für sich insbesondere, sondern für die ganze
Nation erworben und daß die ganze Nation Ansprüche auf
den gemeinsamen Genuß dieser Vortheile habe. Nur von
dieſem Standpunkte aus hat die großdeutsche Partei die
Nothwendigkeit einer gemeinsamen Vertheidigung der österreichischen Besitzungen in Italien behauptet und geltend zu
machen gesucht, und sie würde ihren ganzen Standpunkt
aufgeben, wenn sie einräumte daß Deutschland keine Ansprüche auf Oesterreich hätte.

Von einer Zurücksetzung der deutschen Frage kann also
bei einem österreichischen Politiker von auch nur einigem
Urtheile nicht im Ernste die Rede sein, — und so ist unsere
Nation nicht nur in der Lage, sondern mit Recht auch in
der Stimmung, die Umgestaltung ihrer Verfassung zur
Herstellung einer der Weltlage entsprechenden größeren nationalen Machteinheit Deutschlands nicht länger verschoben zu
sehen.

IV.

Was hat, bei dieser Stimmung, die Nation gethan dem Zwecke näher zu kommen? — hat sie sich über ein Programm geeinigt? — Wir müssen leider sagen: nein! — Untersuchen wir indessen die verschiedenen Parteianschauungen und Parteiziele, um zu sehen, ob nicht eine Hoffnung der Einigung vorhanden ist.

Unterscheiden wir zuerst die großdeutschen und die kleindeutschen Parteibestrebungen.

Es ist uns für unsere Betrachtung hier gleichgiltig mit welchen Mitteln die kleindeutsche Partei ihren Zweck zu erreichen sucht. Das Wesentliche ist daß sie von der Neubildung Deutschlands Oesterreich ausgeschlossen wissen will. Ob das Haus Hohenzollern oder die Familie Coburg auf den kleindeutschen Kaiserthron gesetzt werden soll, gilt uns für eine Nebensache. Wer sich einmal für das kleindeutsche Kaiserthum entschieden hat, der wird zwischen Hohenzollern und Coburg nur noch nach Gründen der Zweckdienlichkeit wählen, denn beide Dynastien sind der Partei nur Mittel zum Zwecke. Die Ausschließung Oesterreichs ist das was wir von Anfang an bekämpft haben und noch bekämpfen.

Die kleindeutsche Partei macht sich freilich, wenigstens in der Theorie, die Sache leicht. Sie verfährt wie der

Besitzer eines vernachlässigten Landgutes, welcher die Hälfte desselben verkauft um mit dem Erlöse die andere Hälfte zu verbessern. Das mag auf den ersten Blick wie ein ganz gescheuter Einfall aussehen, und jedenfalls hat es den Vorzug der Einfachheit für sich, welche, um begriffen zu werden, kein großes Genie erfordert. Dieses geringe Maß von Geistesfähigkeiten welches vom kleindeutschen Parteiprogramm vorausgesetzt wird, ist offenbar das eigentliche Geheimniß seiner Popularität. — Wäre es aber, um zu unserem Bilde von dem vernachlässigten Landgute zurückzukehren, nicht etwa doch besser das Ganze zusammenzuhalten und die Verbesserung durch zweckmäßigere Bewirthschaftung, durch verständige Sparsamkeit, durch ausdauernde Arbeit zu bewirken? Wie wenn der Käufer der losgeschlagenen Hälfte mir hier eine Quelle abgrübe, dort eine Baumgruppe niederschlüge, da eine Aussicht verbaute? Wie wenn er etwa gar in meiner unmittelbaren Nähe eine Gerberei, eine Leimsiederei, eine Seifensiederei anlegte, deren Geruch mich am Ende aus dem Reste meines Eigenthumes vertriebe? — Und paßt der Vergleich nicht sehr wohl auf Deutschland und Oesterreich? — Wie wenn das abgesonderte Oesterreich in Stücken ginge und die untere Donau ein Besitz der Russen, das adriatische Küstenland aber in die Hände der Franzosen käme? Oder wie wenn das abgesonderte Oesterreich sich selbst erhielte, aber ruhig zusähe wie Kleindeutschland am Rheine noch kleiner gemacht, an der Oder und Weichsel besser abgerundet, an der Elbe und Trave vom Gegenstande unfruchtbarer Händel befreit würde? Wie, wenn das abgesonderte Oesterreich allmälig slavisirt würde, und von dieser gewaltigen Stellung aus ein fanatischer Panslavismus das östliche

Deutschland verlangte, wo doch slavische Ortsnamen bis nach Franken hineinreichen? Wie, wenn unter französischem Schutze ein dakoromanisches, danuboadriatisches oder slavo=magyarisches Reich entstände, wofür bekanntlich der Plan vorliegt und seine weitverbreiteten Anhänger hat? — Oder wie, wenn in einer Stunde der Bedrängniß einmal die habsburgische Dynastie sich den Ungarn überließe und die Residenz des Reiches nach Pesth verlegte? — Hätte sie nicht zu jeder Zeit dadurch ihren Frieden mit den Ungarn machen können, wenn sie dazu nicht zu deutsch gesinnt gewesen wäre? —

Haben die Anhänger des kleindeutschen Programmes sich diese Möglichkeiten mit ihren weiteren Folgen klar gemacht? — „Klar gemacht!" Hören wir mit Entrüstung rufen. „Wer wird sich solches Zeug klar machen! Wir verlangen eine e i n f a ch e Lösung der deutschen Frage! — Oesterreich? — Es genirt uns! — Fort damit! — Alles übrige muß e i n s werden! — Die Fürsten haben die Courage verloren und geben nach, der Badener voraus! — Brauchen wir durch=aus einen Kaiser — in Gottes Namen — so wollen wir einen nehmen! — Preußen oder Coburg — gleichviel! — und wenn von diesen beiden keiner will, so gibts noch andere Leute genug. — Kein Mangel an Kaisern!" — D a s ist einfache Politik, welche der Bürger Wühlhuber beim Bier, wie der Herr Heulmeyer beim Weine verstehen kann, welche aber auch Männer von höherer Bildung mit zu be=treiben sich nicht schämen.

Aber nein! — Der kleindeutschen Partei fehlt es nicht an Männern welche jene möglichen Folgen bedacht haben, und auf zwei verschiedenen Wegen glauben sie ihnen ausweichen

zu können, wonach sich zwei Fractionen der Partei unterscheiden lassen. Die Einen wollen das geeinte Kleindeutschland, als deutsches Kaiserthum, mit dem österreichischen Kaiserthume in ein enges Bundesverhältniß setzen, so
daß beide zusammen eine Art von Doppelreich bilden.
Es gibt eine Partei in Oesterreich welche einem solchen Plane
beistimmt. „Macht eure Sache für euch!" ruft sie den
Deutschen zu, „und laßt uns die unsrige für uns machen.
Später werden wir uns über ein Bundesverhältniß ver-
ständigen!" — Es sind die österreichischen Gothaer,
deren Anschauungsweise wir schon gewürdigt haben, — gute
Liberale aber schlechte Politiker, ehrliche Leute aber schlechte
Musikanten! — Indessen auch unter ihnen gibt es feine
Köpfe die ihren Hintergedanken haben, wie unter den Gothaern
draußen im Reiche.

Kleindeutsch ist am Ende die Partei überhaupt nur aus
Noth, sollte auch die Noth nur in der Beschränktheit einer
fixen Idee bestehen. Hier besteht sie darin daß die Herren
mit ihren politischen Begriffen nicht aus der Zwickmühle von
Bundesstat und Statenbund herauskönnen. Was sollen sie
machen? Aus dem Statenbund kommen sie in den Bundesstat,
und aus dem Bundesstate in den Statenbund! — Und
außerdem gibt es nichts! —

Aber es gibt einen Ausweg, wenn er auch vor der
Hand nur in einer Aussicht bestände: es ist die Hoffnung
auf die spätere Erwerbung der deutsch-österreichischen Länder.

So sehen wir die kleindeutsche Partei, nach ihren beiden
Fractionen, von welchen die eine mit Oesterreich in Bundesgenossenschaft treten will, die andere auf den Zerfall Oesterreichs speculirt, in entgegengesetzter Weise bei den ungarischen

Händeln betheiligt. Die kleindeutschen Freunde
Oesterreichs wünschen daß die Ungarn in den Reichsrath
kommen, und möchten daß der Herr von Schmerling nöthi-
genfalls Gewalt brauchte; die kleindeutschen Feinde
Oesterreichs nehmen Partei für die Personal-Unien, in der
Ueberzeugung daß sie zur Auflösung Oesterreichs führen und
die deutschösterreichischen Provinzen Deutschland überliefern
müsse.

Wie jedoch diese letzte Fraction der kleindeutschen Partei
im Stillen auf den Zerfall Oesterreichs speculirt, so fehlt es
der großösterreichischen Partei, — den Männern welche wir
die österreichischen Gothaer genannt haben, auch nicht an
Solchen, welche im Stillen überzeugt sind daß Kleindeutschland doch nicht zu Stande kommt, und daß Großösterreich,
wenn es nur einmal auf constitutioneller Basis begründet
sei, sich leicht in Großdeutschland werde umwandeln lassen.
So lauert hinter dem gothaischen Freundschaftsbunde zwischen
Deutschland und Oesterreich der Bürgerkrieg welcher Deutschland für immer zu zerreißen droht, — der Bürgerkrieg, auf
der einen Seite unter österreichischer, auf der anderen unter
preußischer oder coburgischer Fahne. Das ist das eigentliche
Ziel dem uns die kleindeutsche Politik auf der einen und die
großösterreichische auf der anderen entgegenführt.

Wenn wir anerkannt haben daß das kleindeutsche Programm den Vorzug der Einfachheit für sich in Anspruch
nehmen könne, so ist damit eingestanden daß das großdeutsche
sich nicht der gleichen Einfachheit zu rühmen vermöge. Es
ist aber in allem dem nur von der Einfachheit die Rede
welche einer kindlich beschränkten Politik eigen ist. In der
Ausführung ist das großdeutsche Programm das einfachere,

denn es schließt sich mehr an die gegebenen Zustände an, —
im Gedanken ist es das minder einfache, denn es setzt die
Kenntniß und Würdigung dieser Zustände, also eine höhere
Bildung, reichere geistige Hilfsmittel und eine ausdauernde
Arbeitskraft und Arbeitslust voraus. Dieses letzte um so
mehr als es sich dabei mit um die inneren Zustände Oesterreichs handelt, an denen die kleindeutsche Partei Anstoß genommen, und aus denen sie einen Theil ihre Gründe für
die Ausschließung dieses States hergeleitet hat und herzuleiten
fortfährt. „Dieses Oesterreich", sagt man noch immer, „ist
freilich jetzt in der Noth liberal geworden; aber die Noth
kann vorübergehen, und wenn wir ihm helfen, wird sie
vorübergehen, und mit ihr wird der erzwungene Liberalismus
in die Rumpelkammer abgelaufener Statsexperimente wandern."
„Oder", sagen Andere, „auch der Liberalismus wird sich
der Aufgabe nicht gewachsen zeigen, und sobald dies zu Tage
kommt, wird er dem absolutistischen Systeme wieder Platz
machen müssen, welches dann mit seinem unheilvollen Ein
flusse auch Deutschland bedrohen wird. Vermag aber keines
von beiden Systemen die Verjüngung des Kaiserstates zu
bewirken, so muß dieser endlich seinem Schicksale erliegen,
und Deutschland soll wenigstens nicht in dasselbe verflochten
werden." —

Vergebene Hoffnung! gefährliche Täuschung! — Deutschland ist und bleibt in dieses Schicksal verflochten, welche
Stellung es auch einnehmen wird; und da es so ist, schreibt
die Klugheit vor Oesterreich zu stützen und zu fördern, statt
seinem Falle zuzusehen oder denselben zu begünstigen. Eben
damit der Fortschritt Oesterreichs auf der Bahn welche eueren
Beifall hat gesichert werde, eben deßhalb müßt ihr es im

teutschen Statensysteme zu erhalten suchen. Weil mein Bruder in schlechter Gesellschaft (wie die der Russen und Türken) auf Abwege kommen kann, muß ich ihn im Kreise des Familienlebens halten, nicht aus diesem ausstoßen. In der That werden für Oesterreich durch die rohen Elemente in seiner Bevölkerung die Aufgaben eines civilisirten Statslebens sehr erschwert, und mancher Fortschritt würde hier auf dem Wege des Zwanges in der That sicherer gemacht werden können als auf dem der Freiheit. Wenn aber dennoch der Weg der Freiheit gewählt werden ist, so kann dies nur unter einer Bedingung zum Ziele führen, unter der Bedingung daß geistige Uebermacht an die Stelle der physischen tritt, und dieser hohen Anforderung kann Oesterreich nur im Anschlusse an Deutschland genügen. In diesem Anschlusse aber ist für Oesterreich auch wirklich der Fortschritt gesichert, — gesichert, wie es sein muß, durch den Vortheil und das Bedürfniß auf der einen und durch die geistige Uebermacht auf der anderen Seite.

Wenn wir hier auf die Zweifel und Besorgnisse der öffentlichen Meinung Deutschlands eingegangen sind, so ist es nicht geschehen weil wir sie theilen, sondern um zu zeigen daß sie gerade die dringendsten Mahnungen zur Annahme des großdeutschen Planes enthalten. Denn es ist nicht richtig daß das neue System, wenn auch seine Anerkennung dem Vorurtheile und dem Ueberreste älterer Verhältnisse nur durch die Noth abgerungen worden ist, nicht auf einer festeren und tieferen Grundlage als auf der einer momentanen Verlegenheit beruhe. Ein Körnchen mag am Ende die Wagschale zum Sinken, ein Tropfen am Ende das Glas zum Ueberlaufen bringen, — es ist deßhalb nicht das Körnchen, es ist nicht der Tropfen, welche den Erfolg vollbracht haben. Der große Schritt, welcher in Oesterreich gethan werden ist und welcher unmöglich rückwärts gethan werden kann, steht im Zusammenhange mit den Bewegungen des gesammten europäischen Völkerlebens und der Civilisation überhaupt. Das neue System entspricht der Verbreitung der Bildung und des Wohlstandes unter den Massen, der Uebermacht realistischer Interessen, dem steigenden Range des beweglichen Eigenthumes, der riesenhaften Entwickelung der Communicationsmittel und des Weltverkehres; endlich, halb als Ursache halb als Folge von allen diesen Verhältnissen, der zunehmenden Macht des Mittelstandes, — — und allem dem kann keine Reaction mehr ein Ende machen. Schwankungen und Rückschläge werden freilich noch eintreten, wie sie anderwärts unter ähnlichen Verhältnissen eingetreten sind und immer eintreten müssen; aber sie werden nur denen eines Schiffes gleichen, welches demungeachtet seinen Curs in vorgeschriebener Richtung fortsetzt.

Schwerlich werden freilich die welche aus Princip Gegner Oesterreichs sind, durch unsere Zuversicht erbaut sein. Denn die Mehrzahl seiner Gegner fürchtet nicht den Rückschritt sondern den Fortschritt des Landes. Die Mehrzahl der Gegner Oesterreichs verfolgt egoistische Zwecke oder doctrinäre Ziele, zu deren Erreichung ihnen der Kaiserstat durch sein bloßes Dasein im Wege ist. Welchen Antheil auch das frühere Regierungssystem an der Unpopularität Oesterreichs und dem gegen diesen Stat angehäuften Hasse haben mag, es läßt sich darin kein genügender Erklärungsgrund finden; sondern daß Oesterreich durch sein bloßes Dasein, als einfache Thatsache, aller politischen Projectenmacherei ein Ziel setzt,

gehe sie vom Egoismus anderer Staten, von der Eitelkeit
aufgeblasener Nationalitäten, vom Schwindel politischer Idealisten oder von den Maroten pedantischer Doctrinärs aus, d a s
ist das Aergerniß aus welchem ein großer Theil des Hasses
gegen diesen Stat gezogen worden ist und gezogen wird. Oder
ist etwa das russische Regierungssystem besser gewesen als das
österreichische? Sind nicht die Mängel des ersteren viel tiefer
im Volkscharakter und in den Volkszuständen begründet, so
daß selbst dem besten und unumschränktesten Regentenwillen
sich viel geringere Möglichkeiten einer raschen und durchgrei-
fenden Aenderung darbieten? Und dennoch sehen wir liberale,
demokratische und selbst revolutionäre Feinde Oesterreichs ihre
russischen Sympathien zur Schau tragen, und in Richtungen
arbeiten die am Ende nur der russischen Macht zu Gute
kommen können. Preußen, vor 1848, und von 1849 bis
zur Regentschaft, hatte ein Regierungssystem ebenso unpopulär
wie das österreichische, nicht minder verhaßt aber um vieles
verächtlicher, — und dennoch hat man daraus nicht die
Nothwendigkeit einer Vertilgung Preußens abgeleitet. Das
preußische System jener Periode hat seine Gegner gehabt;
aber sie haben nicht Geld für die Arbeit an der Zerstörung
Preußens ausgegeben, und kein Preußenfeind im Exile hat
sich zu dem albernen Pathos erhoben, mit welchem das Welt-
gericht in slovatischer Verkörperung vor einer Versammlung
englischer Käsehändler Oesterreich „i n d e n A b g r u n d d e r
e w i g e n V e r d a m m n i ß" geschleudert hat. Und welcher
Unterschied in dem Verhalten der Kritik zu beiden Regie-
rungssystemen — dem gestürzten preußischen, und dem auf-
gegebenen österreichischen! — Es ist so charakteristisch daß
damit der Sachverhalt auf einmal klar wird. Die Feinde

des preußischen Systemes begrüßten seinen Sturz, die Feinde des österreichischen aber waren bestürzt als sie es einem besseren weichen sahen. Und allerdings für Die denen Oesterreich überhaupt als ein Uebel erscheint, für Die zu deren politischem Glaubensbekenntnisse es gehört daß so ein Ding wie Oesterreich gar nicht bestehen sollte, ist die Verbesserung österreichischer Zustände ein Unglück, und wenn ihnen nichts anderes übrig bleibt, werden sie behaupten daß diese Verbesserung keinen Bestand haben könne.

Wir wollen damit nicht gesagt haben daß nicht in der Geschichte der österreichischen Politik aller Grund liege mißtrauisch gegen dieselbe zu sein, nur wollen wir darauf aufmerksam machen daß es ein Mißtrauen der Besorgniß und ein Mißtrauen der Schadenfreude gibt, und nach diesem Unterschiede trennen sich in der österreichischen Frage Großdeutsche und Kleindeutsche.

V.

Der großdeutschen Partei kommt es auf das Zusammenbleiben Deutschlands und Oesterreichs an: das ist der Kern ihres politischen Glaubensbekenntnisses. Sie leitet aus der Natur der Dinge die Ueberzeugung her, daß Deutschland ohne Oesterreich nicht im Stande ist in der von uns weiter oben bezeichneten geschichtlichen Rolle sich gegen Frankreich zu behaupten, welchem letzteren unter solchen Umständen unbestritten der erneuerte Beruf des weströmischen Reiches zufallen müßte. Kleindeutschland könnte nur zu einer Rolle zweiten Ranges sich erheben. Und daß auf der anderen Seite, mit dem bevorstehenden Untergange der Türkei, der Beruf eines erneuerten oströmischen Reiches auf Oesterreich übergehen würde, ist sehr unwahrscheinlich, so sehr sich kleindeutsche Kannegießer bemüht haben auf diese glänzende Perspective aufmerksam zu machen, und so sehr kleindeutsche Verschwörer daran gearbeitet haben, den Dingen eine Wendung zu geben in deren Folge Wien mit Buda-Pesth vertauscht werden wäre. Wir wissen welche großen Dinge den Ungarn in den Kopf gesetzt werden sind; aber wenn sich Kinder vornehmen Könige oder Kaiser werden zu wollen, so geht dies darum noch nicht in Erfüllung. Auch Oesterreich ohne Deutschland, selbst wenn es sich Großösterreich nennen wollte, könnte nur eine Rolle zweiten Ranges spielen — eine Rolle die freilich für manche liberale Reichsräthe schon viel zu groß wäre. Das Schlimmste ist aber noch nicht ausgespro= chen; denn, zwischen Frankreich auf der einen und Rußland auf der anderen Seite, würden die beiden Zwillingsstaaten gegenseitig an ihrem Untergange arbeiten und sich zu Grunde richten. Auch dies liegt in der Natur der Dinge, und es ist von uns schon weiter oben darauf hingewiesen worden. Deutschland würde es nicht aufgeben die deutschösterreichischen Länder zu beanspruchen; Oesterreich würde sich mit dem Geiste der slavischen und magyarischen Race durchdringen, welcher von Haß gegen Deutschland erfüllt ist. Der Kampf zwischen abendländischer Bildung und östlicher Rohheit, wel= cher nur mit Hilfe Deutschlands in Oesterreich zu Gunsten der ersteren durchgeführt werden kann, würde ohne Deutsch= land zu Gunsten der letzteren entschieden werden, welche nun den Westen zu überziehen drohen würde; freilich nicht ohne daß es gewissen Leuten um so wohler wäre wenn sie tiefer in ihr rechtes Element kämen.

Zunächst will die großdeutsche Partei daß keiner der Bundesstaaten von der Gründung eines neuen deutschen Rei= ches ausgeschlossen werde; aber eben so wenig will sie eine Schwächung, also auch nicht eine Theilung, von Oesterreich oder Preußen, und es bleibt ihr also nichts übrig als daß auch die nichtdeutschen Länder beider deutschen Großstaaten in eine engere oder weitere Verbindung mit dem neuen Reiche gebracht werden. Es sind dafür verschiedene Formen denkbar. Im Wesentlichen aber scheiden sich die Möglichkeiten nach zwei Richtungen. Soll das neue deutsche Reich, wie es auf kleindeutscher Seite beabsichtigt ist, ein erbliches Kaiser=

thun werden, so ist klar daß dann zum großdeutschen
Ziele nur durch die erbliche Vereinigung der deutschen mit
der österreichischen Kaiserkrone zu gelangen ist. Jeder andere
deutsche Erbkaiser müßte Oesterreich erst für das Reich er=
obern, was unter allen Umständen ein mindestens ungewisses
Unternehmen sein würde. Es mag sein daß man von klein=
deutscher Seite in Bezug auf Preußen mit Recht die näm=
liche Einwendung macht. Es mag sein daß auch ein nicht=
preußischer Erbkaiser Deutschlands Preußen erst für das Reich
erobern müßte. Es ist nur die Frage was, angenommen
daß beides richtig sein sollte, und daß wir nicht so ruchlos
sind mit der Entscheidung an die Waffen zu appelliren, —
es ist die Frage was daraus folgt? Ist damit das groß=
deutsche Programm im Allgemeinen, oder nur seine Ver=
wirklichung in der Form des erblichen Kaiserthumes verur=
theilt? — eine Form die, was sehr hervorzuheben, nicht von
großdeutscher sondern von kleindeutscher Seite in Vorschlag
gebracht worden ist! — Die kleindeutsche Partei sagt:
„weil der großdeutsche Plan nicht in der Form des Erbkai=
serthumes ausführbar ist, muß er überhaupt verworfen wer=
den", — die großdeutsche Partei aber antwortet: „wenn
unser Plan wirklich nicht in der Form des Erbkaiserthumes
ausführbar ist, so muß er in einer anderen Form ausgeführt
werden; — nicht wir sondern ihr habt das Erbkaiserthum
vorgeschlagen! — Will man für das Reich keine andere als
diese Form gelten lassen, — nun wohl, dann behaupten wir
daß nur durch die Vereinigung der deutschen mit der öster=
reichischen Kaiserwürde die gesammten österreichischen Länder
unmittelbar oder mittelbar, dem Reiche zugeführt werden
können." — Die außerordentlichen Vortheile welche aus einer

solchen Bildung hervorgehen würden, sollten eigentlich auch für alle Anhänger des Erbkaiserthumes, seien sie süddeutsche oder norddeutsche, entscheidend sein. Nichtsdestoweniger hat sich der Gedanke bisher kaum unumwunden hervorgetraut, und die kleine Schrift „Preußen oder Oesterreich", welche zu Anfange dieses Jahres in Göttingen erschien, steht in dieser Beziehung ziemlich allein da. Die Unpopularität Oesterreichs, oder vielmehr des Systemes nach welchem der Kaiserstat bis vor Kurzem regiert werden ist, muß als Grund dieser Erscheinung betrachtet werden, und so konnten auch erst mit dem Uebergange zum gegenwärtigen Systeme die Stimmen laut werden welche dem großdeutschen Kaisergedanken Worte verleihen.

Andere Möglichkeiten bieten sich indessen für die Er= reichung des großdeutschen Zieles dar wenn man von dem Gedanken des erblichen Kaiserthumes abgeht, und diese liegen in den verschiedenen Systemen nach denen sich für das Reichs= ganze eine d r e i g l i e d r i g e H e r r s c h a f t herstellen läßt. Mit bestimmt formulirten Plänen ist die großdeutsche Partei auch in d i e s e r Richtung bisher nicht an die Oeffentlichkeit getreten, obschon solche Pläne bestehen und als die ver= schiedenen Schattirungen des eigentlichen praktischen Partei= programmes anerkannt sind.

In dieser Richtung liegen auch die Möglichkeiten einer Verständigung mit den unbefangeneren Elementen der klein= deutschen Partei, und wir werden unter diesem Gesichtspunkte wieder darauf zurückkommen.

In der Natur der Dinge ist es begründet, daß für ihre Bestrebungen von der kleindeutschen Partei die Auf= lösung des Bundes, von der großdeutschen aber die bestehende

Bundesverfassung zum Ausgangspunkte genommen wird. In dem Memoire eines deutschen Fürsten über die politische Umgestaltung Deutschlands sind als Eröffnung positiver Vorschläge die Worte zu lesen: „Der Kaiser von Oesterreich und der König von Preußen mögen sich einen: daß das jetzige Bundesverhältniß aufzuhören habe." — Die großdeutsche Partei kennt die Sünden des Bundestages und die Schwächen der Bundesverfassung so gut wie andere Leute. Wenn aber dennoch bisher kein großdeutsch gesinnter Bundesfürst seinen Bundestagsgesandten dahin instruirt hat nach Kräften zur Auflösung des Bundes mitzuwirken, so ist es, weil im deutschen Bunde allein für jetzt die deutsche Nation ihr völkerrechtlich anerkanntes Dasein und zugesichertes Gebiet hat, von welchem einen Theil abreißen zu wollen von außen offener Angriff, von innen Landesverrath ist. Welche Verfassung daher auch die großdeutsche Partei für Deutschland erstreben mag, diese Partei wird und muß die Geltung des deutschen Bundes vertheidigen, so lange bis eine den Bedürfnissen besser entsprechende Centralgewalt geschaffen sein wird; denn wenn die Partei schon die ganze neuere Geschichte Deutschlands als ein Interregnum betrachtet, so will sie nicht durch eine Steigerung dieses Zustandes das nationale Uebel auf die äußerste Spitze getrieben sehen.

Die großdeutsche Partei unterscheidet sich sodann ihrem inneren Geiste nach auf sehr wesentliche Weise darin von der kleindeutschen, daß sie, aus Princip sowohl wie aus Nothwendigkeit, föderalistisch ist. Wir wollen mit dem Gegensatze von Centralismus und Föderalismus nicht, wie es gegenwärtig so vielfach in Oesterreich geschieht, einen unredlichen Mißbrauch treiben. Ein gewisser Grad von Autonomie der Theile, also von Föderalismus im Baue des Ganzen, wird auch im centralisirtesten Despotismus noch bestehen, und umgekehrt stimmen wir dem österreichischen Staatsminister bei, wenn er kürzlich im Reichsrathe darauf hingewiesen hat daß ein gewisser Grad von Centralisation unter den Verhältnissen der neueren Zeit gar nicht zu vermeiden ist. Ohne einen gewissen Grad von Centralisation des gesammten nationalen Volkslebens ist ja überhaupt der Stat nicht denkbar, und das Widerstreben gegen diesen Grad ist nichts anderes als die Widerspenstigkeit der Barbarei gegen die Grundbedingung der Civilisation. Aber demungeachtet stehen sich in Centralismus und Föderalismus zwei verschiedene Systeme des Statenbaues gegenüber, deren Unterschied sich freilich äußerlich nur in der Abweichung vom rechten Maße zweier dem State gleich unentbehrlichen Richtungen aussprechen kann, deren innerliche Verschiedenheit in der Richtung dieser Abweichung aber von einer verschiedenen Grundanschauung des States ausgeht. Wir wollen hier der Sache nicht weiter nach dieser theoretischen und theilweise abstracten Seite hin folgen. Wenn aber nicht bestritten werden kann daß es das r e c h t e M a ß in der Verbindung von centralistischem und föderalistischem Geiste ist was den Staten noth thut, und daß unsere Zeit zwar einer gewissen Centralisation bedarf, daß aber die neuere Zeit überhaupt zugleich von einem Uebermaße der Centralisation bedroht ist welchem der weiterblickende Politiker zu widerstehen sich verpflichtet fühlen muß, so hat die großdeutsche Partei es als ein Glück zu betrachten daß ihr eigenes Programm zwar selbst einen großen Schritt in der Richtung größerer Centralisation

Deutschlands in sich schließt, demungeachtet aber nur im Geiste des Föderalismus ausgeführt werden kann, weil seine Ausführung nur in diesem Geiste möglich ist. Denn je zahlreichere und verschiedenartigere Theile zu einem Ganzen vereinigt werden sollen, je größere Rechnung muß ihrem selbstständigen Wesen getragen werden. Trotz dieser äußeren Nöthigung aber, und obschon eine solche in der Politik oft mehr werth sein mag als ein freier Wille, geht dennoch der großdeutschen Partei der Föderalismus keineswegs gegen die innere Neigung, und es ist gewiß ein verfehltes Urtheil wenn gerade von dieser Seite her centralistische Gelüste befürchtet werden. Vielmehr knüpft die großdeutsche Partei mit dem Föderalismus wie mit anderen Zügen ihres Wesens ganz an die Geschichte der deutschen Nation, an den Geist des Zeitalters in welchem diese Nation die herrschende war, an den Genius der germanischen Völker überhaupt an, und tritt damit als historische Partei dem abstracten Wesen und radicalen Verfahren der kleindeutschen entgegen: — als historische Partei nicht im Sinne einer reactionären Liebhaberei für abgestandene Bildungen der Vergangenheit, sondern im Sinne der Ununterbrochenheit nationaler Entwickelung, im Sinne eines Zieles welches dem ganzen Geiste und geschichtlichen Berufe der Nation entspricht, und nicht von einigen Theoretikern ausgedacht, sondern von der Geschichte der Vergangenheit, den Zuständen der Gegenwart und den Bedürfnissen der Zukunft vorgezeichnet ist. Man hat es ein schiefes Urtheil genannt, wenn bei anderer Gelegenheit gesagt worden ist, der neuere deutsche Föderalismus sei nur die moderne Entwickelungsform des politischen Systemes auf welches das deutsche Reich gegründet war. Demungeachtet muß die Behauptung wiederholt werden, und um sie zu rechtfertigen reicht es hin hervorzuheben, daß die Aufgabe, die Selbständigkeit der Theile mit der Einheit des Ganzen zu verbinden, vom Feudalismus ebenso im mittelalterlichen Stile gelöst wurde, wie vom amerikanischen Föderativsysteme im modernen Stile, und ein Vorurtheil ist es, daß zu letzterer Ausführung die republikanische Statsform wesentlich sei. Der Unterschied ist der daß die Lösung im mittelalterlichen Stile eine idealistische, die im modernen eine realistische ist. Das Föderativsystem ist also wirklich die natürliche historische Fortentwickelung, oder, wenn man lieber will, die Entpuppung des Feudalsystemes, und der moderne Centralismus, absolutistisch oder constitutionell ausgeführt, kann im Gange der deutschen Entwickelung immer nur als eine parasitische Bildung zur Erscheinung kommen, welche durch die Schwäche eines Uebergangszustandes zu vorübergehendem Dasein gelangt.

Endlich weil die großdeutsche Partei sich principiell wie aus Gründen der Nothwendigkeit für das Föderativsystem entscheidet, enthält sie in sich den Keim einer wahren gesunden Demokratie, — einer Demokratie, die n i c h t wie die französische die Freiheit der individuellen Lebensrichtungen der socialen Gleichheit und politischen Einheit zum Opfer bringt, sondern d e r Demokratie welche, wie die amerikanische, im Wettkampfe und Rangstreite der Individuen die Bedingung alles menschlichen Fortschrittes erkennt, und vom State nur verlangt daß er für den männlich stolzen Grundsatz des „h i l f d i r s e l b s t!" freie Bahn öffnet. Die natürliche Form dieser Demokratie ist nicht der Einheitsstat, sondern die Bundesgenossenschaft, mögen scharfsinnige Professoren sie

Statenbund oder Bundesstat nennen. Das Wesentliche ist, daß sie ein politisches System darstellt, in welchem die freie Selbstbestimmung der Theile, in ihren eignen Angelegenheiten, verbunden ist mit der Einheit des Ganzen, in allen Dingen welche dieses in seiner Gesammtheit betreffen. Bis auf das Individuum hinabgeführt ist dieses die einzig wahre Demokratie, von welcher der französische Imperialismus nichts anderes als eine Carricatur ist.

VI.

So stehen sich die beiden Hauptparteien Deutschlands
— die kleindeutsche und die großdeutsche, nach ihrem allge=
meinen Geist und Charakter gegenüber. Wir haben uns
gegen die erste erklärt. Formuliren wir in bestimmter Weise
nun die Ziele der zweiten. Innerhalb gewisser Schranken
dürfen wir für sie das Wort ergreifen.

Die großdeutsche Partei also verlangt eine Umgestal
tung des deutschen Bundes auf der Grundlage einer gemein
samen Gewährleistung des ganzen und vollen Besitzstandes
aller Bundesglieder. Sie will, was daraus von selbst folgt,
eine Bundesverfassung, nach welcher auch den beiden soge=
nannten deutschen Großstaaten das Recht getrennter Kriegfüh=
rung nur bedingungsweise, etwa unter Zustimmung der Bun
des Centralregierung, also gewissermaßen für dieselbe und in
deren Namen, zustehen soll. Die Partei geht von der An=
schauung aus daß ein Angriff auf irgend einen Gebietstheil
eines Bundesstaates, gehöre dieser Gebietstheil auch nicht zum
eigentlichen Bundesgebiete, als Angriff auf das Ganze des
Bundes gelten müsse, wonach also ein besonderer Defensiv=
krieg überhaupt für keinen Bundesstat denkbar ist. Hieraus
folgt aber auch naturgemäß daß es keinem der Bundesstaten
gestattet sein kann für sich allein und ohne Zustimmung der

4

Bundesregierung einen O f f e n s i v k r i e g zu beginnen oder einen F r i e d e n zu schließen.

Die großdeutsche Partei beklagt die Zustände in und außer Oesterreich, welche es bei der gegenwärtigen Weltlage nicht ausführbar machen dem Bunde in der Person eines einzigen Fürsten eine vollkommen einheitliche Centralregierung zu geben. Ein großdeutsches Kaiserthum, im föderalistischen Geiste der Gegenwart ausgeführt, würde ihren Anschauungen von den Bedürfnissen Europas am meisten entsprechen. Indessen müssen in der Politik die Verhältnisse genommen werden wie sie sind, und unter diesen Verhältnissen erscheint eine durch drei Fürsten gebildete Centralgewalt als der Plan dessen Ausführung sich am meisten den bestehenden Zuständen an schließt, also am wenigsten gewaltsam ist. Diese drei Fürsten können keine anderen sein als der Kaiser von Oester reich, der König von Preußen, und ein dritter, den die Für= sten der Mittel und Kleinstaaten aus ihrer Mitte nach eige nem Ermessen persönlich oder erblich ernennen mögen. Diese drei Fürsten könnten die Bundesregierung auf dreierlei Weise führen, nämlich entweder collegialisch, oder nach Vertheilung der einzelnen Hoheitsrechte, oder endlich mit abwechselnder Oberleitung, wovon der letzte Modus sich am meisten em= pfehlen möchte, besonders in so fern sich damit ein Wechsel des Bundesregierungssitzes zwischen Wien, Berlin und Frank furt a. M. als Bundesvorort verbinden ließe, — eine Ein= richtung welche auf wirksame Weise als Schule benutzt wer den könnte, um die Nation allmälig zu innigerer Einheit heranzuziehen. An diese Bundesregierung sollen von den ein= zelnen Bundesstaaten diejenigen Befugnisse und Machtmittel abgetreten werden welche zur Erhaltung, Vertheidigung und völkerrechtlichen Action des ganzen Bundes erforderlich sind. Diese Grenzen sollen jedoch, nach unseren Anschauungen, in keiner Weise überschritten werden, und in keiner Weise soll durch die Befugnisse der Centralgewalt überflüssig in das politische Leben der einzelnen Staten eingegriffen werden können.

Zur Befestigung der Einheit der dreiherrlichen Centralregierung, zur Vertretung der Nation, und zugleich der einzelnen Bundesstaten, dieser Centralregierung gegenüber, zur Gewährung und Beaufsichtigung der ihr anvertrauten Befugnisse und Machtmittel, endlich zur Hervorbringung und Fortbildung derjenigen Zweige der Gesetzgebung durch welche im Gebiete des Bundes die nöthige innere Einheit der Rechtsverhältnisse und des freien volkswirthschaftlichen Lebens geschaffen werden soll, verlangen auch wir, so gut wie die kleindeutsche Partei, ein deutsches Parlament, aber wir verlangen daß die Vertreter der österreichischen Bundesländer mit darin sitzen, daß Oesterreich also seine junge Reichsverfassung in einer Richtung entwickele welche dies zuläßt, während die österreichischen Nebenländer, im weiteren und mittelbaren Sinne, als Bundesgenossen Deutschlands anerkannt werden. Und zwar verlangen wir daß das deutsche Parlament aus zwei Häusern — einem Fürstenhause und einem Volkshause — bestehe; daß die Mitglieder des Volkshauses durch Abordnung aus der Mitte der sämmtlichen deutschen Landesvertretungen nach einem diesen letzteren selbst gutscheinenden Modus und nur nach allgemein festgestelltem Zahlenverhältniß ernannt werden; daß das Fürstenhaus aus den regierenden Fürsten in eigener Person gebildet werde, und daß, in Fällen wo eine Stellvertretung unerläßlich wäre,

4*

nur die Vertretung durch einen Prinzen des Hauses zuläſſig ſei, — eine Vertretung welche indeſſen für die drei Fürſten der Centralregierung eine immerwährende ſein muß.

Andere Zielpunkte auf welche die großdeutſche Partei hinarbeitet, ſind entweder zweiten Ranges, oder ſie ſind gar nicht Gegenſtände ſtreitiger Meinungen und werden ſich immer ohne Schwierigkeit erledigen, ſowie die Hauptpunkte feſtgeſtellt ſein werden. Einen Hauptwerth aber müſſen wir darauf legen, und als Bedingung alles Gelingens müſſen wir es betrachten, daß das deutſche Parlament durch eine Verfaſſung, nicht aber die deutſche Verfaſſung durch ein Parlament eingeſetzt werde. Wir halten es als der höchſten Anſtrengung aller verſtändigen Männer Deutſchlands würdig zu bewirken, daß im Daſein und der Organiſation des deutſchen Bundes kein Bruch eintrete, und daß die jetzige Bundesverfaſſung in Geltung und die jetzige Bundesbehörde in Wirkſamkeit und voller Achtung bleibe, bis zu dem Augenblicke wo die neue Bundesverfaſſung mit der ihr entſprechenden neuen Bundesregierung an ihre Stellen tritt.

VII.

Die Ausführbarkeit dieses Planes, der das Verdienst für sich in Anspruch nimmt die Aufgabe einer Verbesserung der deutschen Bundesverfassung ohne Ausschluß von irgend einem Stücke deutschen Gebietes auf friedlichem Wege und in solcher Weise zu bezwecken, daß die nothwendigsten Erfordernisse einheitlichen Handelns und die Grundbedingungen der Macht des Ganzen mit der Erhaltung einer zweckmäßigen Selbstbestimmung der Theile in Einklang gebracht werden, — die Ausführbarkeit dieses Planes ist von der Weisheit und Entschlossenheit der österreichischen Regierung und dem Verstande der Parteien im österreichischen Reichsrathe abhängig. Mit dieser Weisheit und Entschlossenheit ist er ausführbar, — unmittelbar ausführbar, mit Sicherheit ausführbar.

Fehlte diese Weisheit und Entschlossenheit, und fehlte dieser Verstand, dann bliebe freilich den deutschen Mittel- und Kleinstaaten nichts übrig, als entweder den Widerstand gegen die preußische Oberhoheit aufzugeben und sich gutwillig mediatisiren zu lassen, oder mit dem Gedanken welcher den Würzburger Conferenzen zum Grunde liegt Ernst zu machen, nach München oder Frankfurt am Main ein Parlament der Mittel- und Kleinstaaten zusammenzurufen, ihre

Armeecorps zusammenzufassen, ihnen eine gemeinsame Bundes=
regierung zu geben, und von ihnen als geschlossener deutscher
Eidgenossenschaft an Oesterreich und Preußen den Antrag einer
weiteren Bundesgenossenschaft gelangen zu lassen, — immer
noch ein Entwickelungsgang der vor dem Projecte des kleine
deutschen Kaiserthumes die vielfältigsten und außerordent=
lichsten Vorzüge haben würde.

Inhaltsschwere Entscheidungen liegen auf diese Weise
vor uns, und Oesterreich ist die Macht, welche
auch für diese, wie für manche anderen, der
Welt verantwortlich sein wird.

In demselben Verlage ist ferner erschienen:

Theorie der Politik,

als Ergebniss einer

erneuerten Prüfung demokratischer Lehrmeinungen.

Von

Julius Fröbel.

Erster Band.

Die Forderungen der Gerechtigkeit und Freiheit im State.

Preis 3 fl. österr. Währ.
